LES CAHIERS
Tout Savoir
Français

CP

CW01095829

Danielle Mathieu
Professeur des écoles

Hatier

Signes de l'alphabet phonétique utilisés

le son	**[k]**	comme dans	**camion**
le son	**[s]**	comme dans	**serpent**
le son	**[z]**	comme dans	**zèbre**
le son	**[ʃ]**	comme dans	**chat**
le son	**[ʒ]**	comme dans	**jupe**
le son	**[o]**	comme dans	**seau**
le son	**[e]**	comme dans	**étoile**
le son	**[ɛ]**	comme dans	**laine**
le son	**[õ]**	comme dans	**bonbon**
le son	**[ã]**	comme dans	**banc**
le son	**[ɛ̃]**	comme dans	**pain**
le son	**[j]**	comme dans	**yo-yo**
le son	**[f]**	comme dans	**fleur**

Conception éditoriale et graphique : Véronique Schwab - Acquansù
Mise en page : Atelier JMH
Illustrations : Claire Gandini

© HATIER, 8 rue d'Assas, 75006 PARIS, 2012 - ISBN 978-2-218-96067-3

Sommaire

Reconnaissance des mots

1. Les lettres de l'alphabet
2. Les mots
3. Les caractères d'écriture
4. Les syllabes
5. Distinguer b et d
6. Distinguer p et q
7. Distinguer br / pr / dr / tr / fr / vr / cr / gr
8. Distinguer om / on / ou / no / mo
9. Distinguer au / an / na
10. Distinguer lo / ol / io / oi
11. Distinguer oin / ion / in / on
12. Distinguer bar / bra / dar / dra
13. Distinguer for / fro / tor / tro
14. Distinguer ein / ien
15. Distinguer ain / ian / nai
16. Les lettres majuscules
17. Les voyelles et les consonnes
18. Les accents sur les voyelles
19. Ponctuation, apostrophe, cédille
20. Les lettres muettes
21. Trouver des lettres muettes
22. Déchiffrer un mot difficile
23. Jeux et tests sur les lettres
24. Jeux et tests sur les mots

Lecture : compréhension

25. L'ordre des mots dans la phrase
26. L'ordre des phrases dans le texte
27. Quelques mots outils (1)
28. Quelques mots outils (2)
29. Les mots de sens contraire
30. Les mots qui se ressemblent
31. Les familles de mots
32. Sens des mots et sens du texte
33. Trouver des réponses dans un texte
34. L'ordre alphabétique
35. Découvrir le dictionnaire
36. Jeux et tests sur le sens des mots
37. Jeux et tests de lecture

Écriture : l'orthographe des sons et les accords dans la phrase

38. Écrire le son [k]
39. Écrire le son [s]
40. Écrire le son [z]
41. Écrire le son [ʃ]
42. Écrire le son [ʒ]
43. Écrire le son [o]
44. Écrire le son [e]
45. Écrire le son [ɛ]
46. Écrire le son [õ]
47. Écrire le son [ã]
48. Écrire le son [ɛ̃]
49. Écrire le son [j]
50. Écrire le son [f]
51. Utiliser la majuscule et le point
52. Le point d'interrogation et le point d'exclamation
53. Le nom
54. Le masculin et le féminin
55. Le singulier et le pluriel
56. Les accords dans le groupe nominal
57. Le verbe
58. L'accord du verbe et du sujet
59. Jeux et tests sur l'orthographe des sons
60. Jeux et tests d'orthographe grammaticale

Évaluation (en dernière page)

Les corrigés se trouvent dans le fascicule détachable situé au centre du cahier.

Les lettres de l'alphabet

Je révise et je retiens

Les 26 lettres de l'alphabet nous permettent d'écrire tous les mots.

a b c d e f g h i j k l m n o p q r s t u v w x y z

a b c d e f g h i j k l m n o p q r s t u v w x y z

Je m'exerce

1 **Trouve deux mots différents que tu peux écrire avec les lettres** e l o p u.

2 **Écris la lettre qui manque au début de chaque mot.**

____apin

____apin

____outon

____outon

3 **Complète les mots.**

le bé___é

la toma___e

le croc___dile

la ba___be

la c___bane

4 **Compte le nombre de lettres de chaque mot.**

perlimpinpin : ____   saperlipopette : ____   abracadabra : ____

Je révise et je retiens

Un mot est un ensemble de lettres qui a un sens.

tortue

sauter

trois 3

L'ordre des lettres est important.

niche

chien

~~nehci~~

 **Je m'exerce**

1 **Barre les mots qui n'ont pas de dessin.**

lapin	auto	garçon
sapin	moto	fille

2 **Colorie en rose les étiquettes qui vont avec la** fleur **et en bleu celles qui vont avec la** mer **.**

tuba

masque

nager

palme   épine

pétale   rose

3 **Barre les ensembles de lettres qui n'ont pas de sens et entoure les mots.**

carafe   bwtspp   samedi   aeaeii   tapis   poupée   dlakeviwe

4 **Écris la phrase en séparant les mots.**

papaselavelevisage

3 Les caractères d'écriture

Je révise et je retiens

Dans les livres, les dessins des lettres sont des caractères d'imprimerie.

les livres   **les livres**   les livres

Dans les cahiers, on utilise l'écriture attachée ou des lettres qui ressemblent aux caractères d'imprimerie.

les cahiers   les cahiers

Je m'exerce

1 **Relie chaque mot à son dessin.**

un vélo •
une jupe •
une vipère •
une vipère •
une olive •

• une jupe
• *une tulipe*
• une olive
• une tulipe
• *un vélo*

2 **Relie les mots écrits en caractères d'imprimerie au dessin du livre.**
Relie les mots écrits en lettres attachées au dessin du cahier.

une robe •

un piano •

des cubes •

• *un sac*

• une pomme

• un âne

3 **Écris les mots en lettres attachées.**

un coq   deux poules   trois oies

quatre canards   cinq poussins

Je révise et je retiens

Une syllabe est un groupe de lettres
qui se prononcent ensemble.

coq	**poule**	**picorer**	**cocorico**
coq	**pou/le**	**pi/co/rer**	**co/co/ri/co**
1 syllabe	2 syllabes	3 syllabes	4 syllabes

Je m'exerce

1 **Compte le nombre de syllabes.**

léopard ⬡

radis ⬡

enveloppe ⬡

clé ⬡

2 **Recopie en séparant les syllabes.**

Émilie	Nestor	Fatima	Lucas	Clémentine
___/___/___	___/___	___/___/___	___/___	___/___/___/___

3 **Relie les syllabes pour trouver trois mots.**

ca •	• lo
vé •	• to
au •	• mion

_____ _____ _____

4 **Remets les syllabes dans l'ordre et écris le mot.**

ti	co	ve	mo	lo

  ☺ ☺ ☹

5　Distinguer b et d

 Je révise et je retiens

Le **b** et le **d** se ressemblent beaucoup, mais ils n'ont pas la barre du même côté.

b　　　　**d**

b　　　　*d*

un biberon　　**un dindon**　　　　　**un bébé dodu**

 Je m'exerce

1 **Entoure la lettre b.**

une bulle　　un tube　　bleu　　un balai　　un bidon　　un boa　　un robot

2 **Entoure la lettre d.**

une danseuse　　une corde　　un baudet　　douze　　un farfadet　　un bandana

3 **Complète par b ou d.**

un __ateau　　une __ouche　　une __ouche　　un tu__a　　un __ia__olo

4 **Relie chaque mot à son étiquette.**

radeau •　　　　• **b** •　　　　• bouton

robot •　　　　　　　　　　• cascade

bonnet •　　　　• **d** •　　　　• paquebot

Distinguer p et q

 Je révise et je retiens

p   q

ρ   φ

Observe : la barre vient avant la bosse du **p**
           la barre vient après la bosse du **q**

quatre papillons

 Je m'exerce

1 **Entoure la lettre q.**

15

quinze

des quilles

une toque

un coquillage

un coq

2 **Entoure la lettre p.**

un pinceau

un pot

un poulpe

un pyjama

une pipe

3 **Complète par p ou q.**

un ___oulain

un bi___uet

un ___iano

un cha___eau

une bar___ue

4 **Recopie chaque mot sous son étiquette :**

patapouf • riquiqui • calque • pipeau

p	**q**

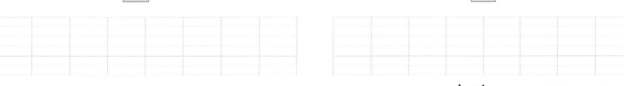

Je révise et je retiens

Pour lire correctement les groupes de lettres qui se ressemblent, il faut bien regarder **toutes** les lettres et l'**ordre** dans lequel elles sont écrites.

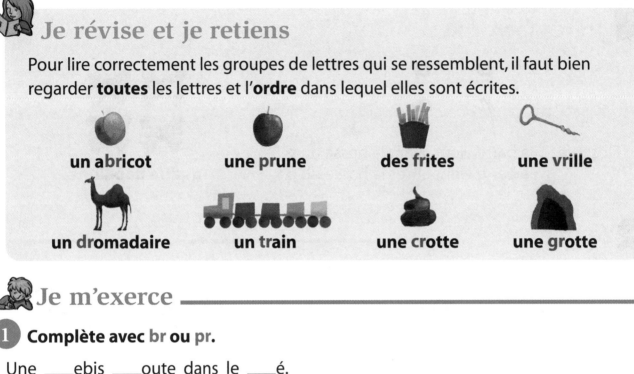

un abricot **une prune** **des frites** **une vrille**

un dromadaire **un train** **une crotte** **une grotte**

Je m'exerce

1 **Complète avec br ou pr.**

Une ____ebis ____oute dans le ____é.

2 **Écris le nom de chaque dessin.**

 un c_____

 une t_____

3 **Complète avec fr ou vr.**

Mon ____ère adore ____aiment le ____omage ____ais.

4 **Écris chaque mot sous son étiquette.**

 | **cr** |  | **gr** |

Je révise et je retiens

Quand tu lis, tu dois faire attention :
- à distinguer les lettres qui se ressemblent ;
- à observer l'ordre des lettres.

une trompette   **un bonbon**   **un pou**   **un canot**   **une moto**

Je m'exerce

1 **Complète avec ou ou on.**

un b___t___   un coch___   un bij___   un b___l___

2 **Colorie en rose les étiquettes contenant om et en vert les étiquettes contenant on.**

un	pom	pon		un	cor	ni	chon

Si	mo	ne	le	nom	bril	un	do	mi	no

3 **Complète par mo, no ou on.**

Oh ! Léo___ a renversé sa li___nade
sur s___ ki___ !

4 **Réponds à la devinette.**

On me tond pour avoir de la laine. Qui suis-je ?

Je suis le _____ .

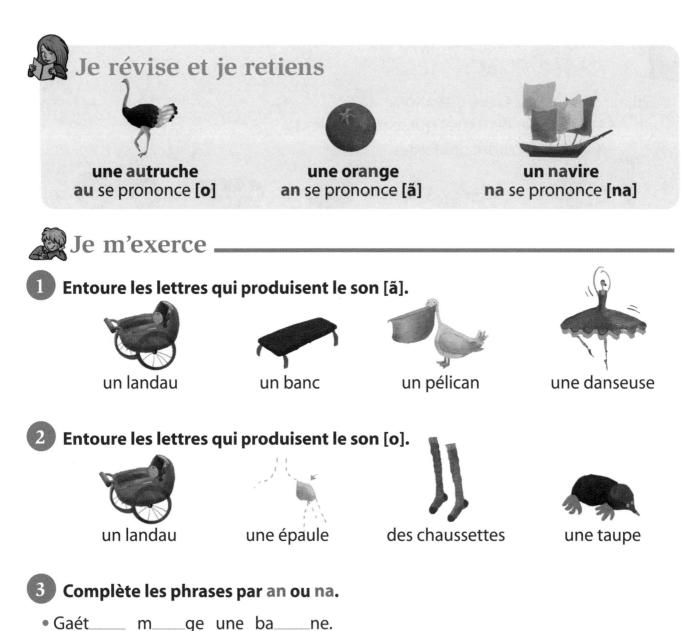

Je révise et je retiens

une **autruche**	une **orange**	un **navire**
au se prononce [o]	**an** se prononce [ã]	**na** se prononce [na]

Je m'exerce ─────────────

1 **Entoure les lettres qui produisent le son [ã].**

un landau   un banc   un pélican   une danseuse

2 **Entoure les lettres qui produisent le son [o].**

un landau   une épaule   des chaussettes   une taupe

3 **Complète les phrases par an ou na.**

• Gaét_____ m_____ge une ba_____ne.

• _____dré _____gera dim_____che.

4 **Remets les étiquettes dans l'ordre pour écrire le mot.**

bus	au	to

un

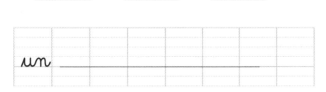

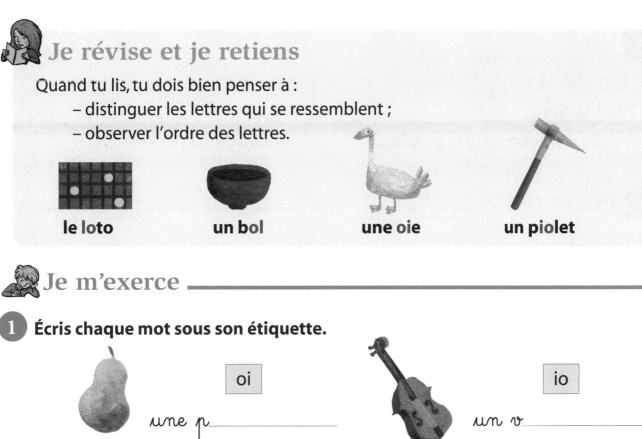

Je révise et je retiens

Quand tu lis, tu dois bien penser à :
- distinguer les lettres qui se ressemblent ;
- observer l'ordre des lettres.

le loto **un bol** **une oie** **un piolet**

Je m'exerce

1 **Écris chaque mot sous son étiquette.**

oi

une p_____

io

un v_____

lo

un v_____

ol

un c_____

2 **Complète les mots, puis recopie-les dans le tableau.**

une _____comotive   une br_____che   une éc_____e   un _____seau

oi	io	lo	ol

Je révise et je retiens

Quand tu lis, tu dois bien regarder toutes les lettres et l'ordre dans lequel elles sont écrites.

Le champion a levé le poing.   **J'ai une leçon de dessin.**

Je m'exerce

1 **Complète avec in ou on.**

Ce mat____, m____ ____cle

m'a lu un c____te de fées

avec des pr____cesses

et des lut____s.

2 **Complète avec oin ou ion.**

 un cam_____

 un chapeau p____tu

 un coup de p____g

 un l_____

3 **Entoure chaque son de la bonne couleur :** oin , ion , in **et** on .

un cochon   un avion   un moulin   un point

un pion   du foin   le matin   bondir

4 **Barre l'intrus.**

un lutin • une péniche • une pince • un sapin • Rintintin • mince

Je révise et je retiens

Quand tu lis, tu dois bien penser à :
- distinguer les lettres qui se ressemblent ;
- observer l'ordre des lettres.

un barbu

un bras

un radar

un drapeau

Je m'exerce

1 Entoure bar **en rouge et** bra **en vert.**

Barbara, arrête de brailler
et viens te débarbouiller !

2 **Complète les phrases par dar ou dra.**

• J'ai perdu mon chat, c'est un vrai _____me, appelle
les gen_____mes !

• J'ai rêvé d'un _____gon qui m'a fait peur.

3 **Écris la suite des phrases en t'aidant des étiquettes.**

| ca | dra | da | gée | ve | bra |

Il est très courageux. Il est très _____.
C'est une amande enrobée de sucre. C'est une _____.
Pour dire une formule magique, on dit a_____.

Distinguer
for / fro / tor / tro

Je révise et je retiens

Quand tu lis, tu dois bien penser à :
- distinguer les lettres qui se ressemblent ;
- observer l'ordre des lettres.

une forteresse **un fromage** **une tortue** **une trottinette**

Je m'exerce

1 **Entoure** for **en rouge et** fro **en vert.**

un château fort un fromage la fortune frotter

2 **Complète les mots par** tor **ou** tro.

Vic_____, passe-moi un _____chon propre,
celui-ci est _____p mouillé, il est à _____dre.

3 **Complète les phrases en t'aidant des étiquettes.**

| ti | tor | lis | co | nade | chon |

Quand on a mal au cou, on a un _____.
Une _____ est une tempête très violente.
La truie est la femelle du _____.

Je révise et je retiens

un peintre **une ceinture**

ein

se prononce [ɛ̃]

un chien **un magicien**

ien

se prononce [jɛ̃]

Je m'exerce

1 Entoure ｜ein｜ en vert et ｜ien｜ en rouge, puis recopie les mots dans le tableau.

un Indien   une teinture   les reins

la peinture   un collégien   un lien

ein

ien

2 Complète les phrases par **ien** ou **ein**.

• Le gard____ de but est brésil____ et le buteur est tunis____.

• Félic____ a réparé les fr____s de son vélo ;

maintenant, il va le rep____dre.

3 Recopie le mot qui contient le son [ɛ̃].

un musicien   une ceinture

Je révise et je retiens

Quand tu lis, tu dois bien penser à :
- distinguer les lettres qui se ressemblent ;
- observer l'ordre des lettres.

un poulain

une friandise

la monnaie

 Je m'exerce

1 **Barre l'intrus.**

du pain • une main • la maison • un poulain • un copain

2 **Complète par ain ou nai.**

une poule | | | | n | e   un | n | | | | de jardin

3 **Complète par ain ou ian.**

un tr ___ gle   un tr ___   un fr ___ d   un p ___

4 **Remets les lettres dans l'ordre et écris le mot qui manque.**

a i l n p t

un vélo _____

Je révise et je retiens

Les majuscules sont des lettres plus grandes et dessinées différemment des lettres minuscules.

A B C D E F G H I J K L M

N O P Q R S T U V W X Y Z

On place les majuscules **au début des phrases** et **au début des noms propres**.

Je rejoins Danielle et Basile à Marseille.

Je m'exerce

1 **Entoure les majuscules.**

Paris est la capitale de la France.

Le père de Lola et d'Irène travaille en Italie.

2 **Chaque prénom a perdu son initiale. Retrouve-la et écris-la.**

____lice   ____anon   ____ierre   ____ophie   ____ictor   ____sabelle

3 **Colorie les majuscules en jaune et les minuscules en rose.**

a	B	E	G	h	L	m	N	Q	r	t

A	b	e	g	H	I	M	n	q	R	T

4 **Écris ton prénom et ton nom. N'oublie pas les majuscules.**

Les voyelles et les consonnes

Je révise et je retiens

Dans l'alphabet, il y a deux types de lettres.

• **a e i o u y** sont les **voyelles** de l'alphabet.

• Les autres lettres sont les **consonnes** :

b c d f g h j k l m n p q r s t v w x z.

 ## Je m'exerce

1 **Écris les voyelles qui manquent.**

b___lle   b___lles   b___lle   b___lle

2 **Écris les consonnes qui manquent.**

 un ___alade   un ___ion   une ___omme

 une ___alade   un ___ion   une ___omme

3 **Écris le nombre de voyelles et le nombre de consonnes de chaque mot.**

	ananas	Zoé	bicyclette
nombre de voyelles			
nombre de consonnes			

4 **Colorie les voyelles en rouge et les consonnes en bleu.**

a   p   e   v   d   m   x   s

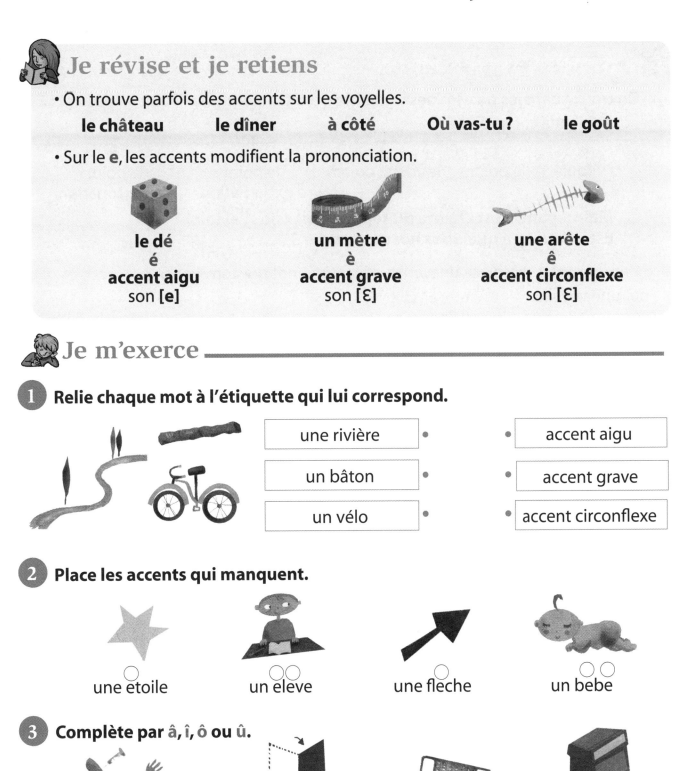

Je révise et je retiens

- On trouve parfois des accents sur les voyelles.

le château   **le dîner**   **à côté**   **Où vas-tu ?**   **le goût**

- Sur le **e**, les accents modifient la prononciation.

le dé	**un mètre**	**une arête**
é	è	ê
accent aigu	**accent grave**	**accent circonflexe**
son [**e**]	son [ɛ]	son [ɛ]

Je m'exerce

1 **Relie chaque mot à l'étiquette qui lui correspond.**

une rivière	•	•	accent aigu
un bâton	•	•	accent grave
un vélo	•	•	accent circonflexe

2 **Place les accents qui manquent.**

une etoile   un eleve   une fleche   un bebe

3 **Complète par â, î, ô ou û.**

• une piqre   • un cté   • une rpe   • une bote

Je révise et je retiens

• On trouve dans les phrases des signes de ponctuation qui facilitent la lecture et qui aident à comprendre.

,	.	:	!	?
la virgule	le point	les deux points	le point d'exclamation	le point d'interrogation

Maintenant, c'est l'heure du repas. Louis crie : j'ai faim !
Est-ce qu'il y a quelque chose à manger ?

• L'**apostrophe** remplace une lettre devant un mot qui commence par une voyelle.

~~le~~ arbre → **l'arbre**   ~~la~~ oie → **l'oie**

l'apostrophe remplace le **e** de **le**   l'apostrophe remplace le **a** de **la**

• La **cédille** sous le **c** modifie sa prononciation devant le **a**, le **o** et le **u**.

un garçon sur un balcon
son [s]   son [k]

Je m'exerce

1 **Surligne les signes de ponctuation. Lis les phrases à haute voix avec le ton.**

Attention ! Tu ne peux pas faire attention ? C'est incroyable !
As-tu retrouvé ton blouson ? Voilà ce que j'ai trouvé : un bonnet, une chaussette, un gant mais pas de blouson.

2 **Complète par l', le ou la.**

___ train   ___ essuie-mains   ___ insecte   ___ os   ___ usine   ___ vague

3 **Complète par la ou l'a.**

___ vion   ___ viande   ___ vitesse   ___ vigne   ___ venture

4 **Complète par c ou par ç.**

un gla__on • un lima__on • un flo__on • un hame__on • une balan__oire

Je révise et je retiens

Certains mots se terminent par des lettres que l'on n'entend pas.
On appelle ces lettres des **lettres muettes**.

 **un banc**    **un nid**    **une oie**   **un orang-outang**

 un fusil    **un loup**   **un lit**   **une souris**   **une croix**

 ## Je m'exerce

1 **Entoure la lettre que l'on n'entend pas.**

un éléphant   un canard   une brebis   un escargot

2 **Complète les mots.**

un _____ t   une _____ e   un _____ s

3 **Entoure les six lettres finales que l'on n'entend pas.**

Le petit Lucas croque du chocolat. Lucie a une jolie voix.

4 **Barre l'intrus.**

une noix   un colis   un habit   un bocal   un chat

Je révise et je retiens

Pour retrouver certaines lettres muettes, on peut parfois s'aider de mots de la même famille.

une den**t** → un den**t**iste   gros → grosse

Je m'exerce

1 **Relie les mots qui vont ensemble, puis écris la lettre finale qui manque.**

un tapi_____	•	•	un renardeau
du lai_____	•	•	tasser
un ta_____	•	•	un laitier
un renar_____	•	•	un tapissier

2 **Trouve la lettre finale que l'on n'entend pas.**

un chan_____ → un chanteur
du spor_____ → un sportif
le débu_____ → débuter
deu_____ → deuxième

troi_____ → troisième
méchan_____ → méchante
genti_____ → gentille

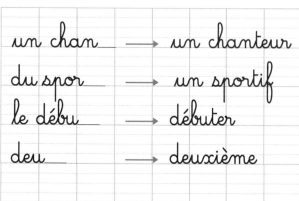

Je révise et je retiens

• Certains mots sont difficiles à lire parce qu'ils sont très longs.

un hippopotame  **un tyrannosaure**

• Les groupes de lettres qu'on ne rencontre pas souvent sont plus difficiles à lire.

un pachyderme **un diplodocus**

• Certains mots viennent d'une langue étrangère et ne se prononcent pas comme les mots français.

un clown **un yacht**

Je m'exerce

1 **Lis ces syllabes, puis écris le mot qui correspond.**

| pa | ra | chu | tis | te | un _____ |

| hé | li | cop | tè | re | un _____ |

2 **Rends son nom à chaque dessin.**

du shampoing
un steak
un yoghourt
du ketchup

un _____

du _____

un _____

du _____

3 **Complète les phrases avec les mots suivants : baskets – coccinelle – foot.**

Une _____ s'est posée sur ma main.

Il a mis ses _____ à l'envers pour jouer au _____.

TEST

Coche la bonne proposition. Tu marques 1 point par réponse juste.

- La **première** lettre de l'alphabet, c'est :

  A ☐   E ☐   I ☐

- Dans l'**alphabet**, il y a :

24 lettres	25 lettres	26 lettres
☐	☐	☐

- Parmi **M**, *m*, **m**, *M*, **N** et *M*, l'intrus est :

  m ☐   **N** ☐   *M* ☐

- Après la lettre **D**, il y a la lettre :

  E ☐   C ☐   P ☐

- Avant la lettre **M**, il y a la lettre :

  L ☐   N ☐   O ☐

- Les lettres **A**, **O** et **I** sont :

des voyelles	des consonnes
☐	☐

- Les lettres **S**, **P** et **R** sont :

des voyelles	des consonnes
☐	☐

- Entre les lettres **R** et **T**, il y a la lettre :

  P ☐   S ☐   U ☐

TOTAL : ...... /8

1 Colorie les consonnes en jaune et les voyelles en bleu pour découvrir un signe de ponctuation.

F	O	I	Y	V
A	R	S	M	U
Q	B	Z	T	A
D	P	O	E	F
G	N	U	S	R
X	M	I	C	L
P	J	R	W	S
K	P	A	B	P

2 Relie les lettres dans l'ordre alphabétique pour savoir où va Basile.

TEST

Coche la bonne proposition.
Tu marques 1 point par réponse juste.

• Le mot **caramel** comporte :
2 syllabes ☐ 3 syllabes ☐ 4 syllabes ☐

• Les lettres « **pleou** » placées dans cet ordre forment un mot :
vrai ☐   faux ☐

• Le mot **cabane** comporte :
5 lettres ☐   6 lettres ☐   7 lettres ☐

• Le mot **cocorico** comporte :
2 syllabes ☐ 3 syllabes ☐ 4 syllabes ☐

• Dans le mot **baudet** il y a :
un b et un p ☐   un d et un q ☐   un b et un d ☐

• Dans le mot **tomate** il y a :
2 voyelles ☐   3 voyelles ☐   4 voyelles ☐

TOTAL : ...... /6

1

Trouve les trois mots cachés dans la grille, entoure-les et écris-les.

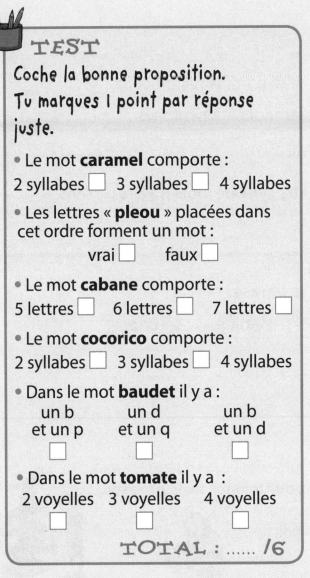

X	C	O	L
R	H	A	S
P	A	I	N
M	T	W	D

_____

2 Rébus.
Chaque dessin représente une syllabe du mot.

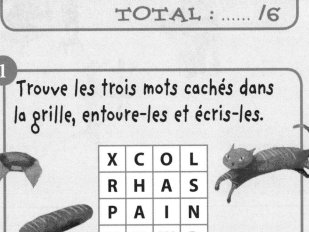

Tous les enfants aiment
_____.

3 Trouve les 7 différences et entoure-les.

25 L'ordre des mots dans la phrase

Je m'exerce

1 **Remets les mots dans l'ordre, puis écris la phrase.**

carotte.	lapin	Le	ronge	une

2 **Observe le dessin et relie les étiquettes pour former trois phrases.**

Papa	•	• allume •	• le sapin de Noël.
Maman	•	• prépare •	• les cadeaux.
Papi	•	• décore •	• les bougies.

3 **Écris deux phrases avec les étiquettes suivantes.**

| chatouille | Irène | Macha | . |

L'ordre des phrases dans le texte

Je révise et je retiens

Un texte est une suite de phrases. L'ordre des phrases est important.
Un texte peut raconter une histoire qui a un début, un milieu et une fin.

Étienne traverse la rue sans regarder. Une moto freine brutalement. Heureusement, personne n'est blessé.

Un texte peut aussi donner une information, une consigne, une recette de cuisine…

Pour faire tes lacets, fais une boucle avec un lacet. Fais une boucle avec l'autre lacet. Fais un nœud avec les deux boucles. Serre bien.

Je m'exerce

1 **Mets les étiquettes dans l'ordre pour que le texte ait un sens.**

1	Il nage jusqu'à la bouée.
2	Il saute dans l'eau.
3	Nicolas se déshabille.
4	Il enfile son maillot.

☐ ☐ ☐ ☐

1	Samira la console.
2	Elle se tord le pied.
3	Colette saute à la corde.
4	Elle se met à pleurer.

☐ ☐ ☐ ☐

2 **Barre la phrase qui n'a rien à faire dans ce texte.**

Ce matin, mon oncle s'occupe de ses ruches. Il a mis un vêtement et un chapeau qui le protègent des piqûres d'abeilles. La poule appelle ses poussins. Il récolte plusieurs kilos de miel. Je m'en régale d'avance.

3 **Colorie le texte qui correspond à l'ordre des images.**

| Elle rebouche le dentifrice. Elle lave sa brosse à dents. Elle se brosse les dents. |

| Elle se brosse les dents. Elle rebouche le dentifrice. Elle lave sa brosse à dents. |

Je révise et je retiens

Les mots outils sont des mots qui **relient** des mots ou des groupes de mots.
Ils s'écrivent toujours de la même façon.

à	avec	chez
dans	de	sans
sous	souvent	pour
sur	jamais	toujours

Le chapeau de soleil est posé sur le fauteuil.

Je m'exerce

1 **Observe les dessins et complète avec sur, sous, avec ou dans.**

Minouche est _____ sa corbeille.

Minouche est _____ le lit.

Minouche est _____ la table.

Minouche joue _____ Toby.

2 **Complète la phrase en utilisant les étiquettes.**

| à | à | chez | dans | en | pendant |

Je ne vais plus _____ l'école. Je suis _____ vacances. Je vais aller _____ ma tante _____ un mois. Je vais emporter mes vêtements _____ un sac _____ dos.

3 **Remets les lettres dans le bon ordre pour trouver le mot outil qui manque.**

| e | n | o | s | t | u | v |

C'est _____ Lison qui va promener le chien.
Ce n'est jamais Tom.

Je révise et je retiens

Les mots outils accompagnent d'autres mots.
Ils aident à **comprendre** la phrase. Ils sont invariables.

avant   après   pendant   depuis

aujourd'hui   hier   demain

beaucoup   peu   assez

Il a plu avant et après le match.

Je m'exerce

1 **Colorie les mots outils encadrés.**

J'ai beaucoup de peine. Depuis deux jours, ma copine ne veut plus me parler.
C'est une vraie peste. Je vais le dire à la maîtresse.

2 **Barre les deux intrus.**

encore • souvent • vite • ami • par • avant • dans • sous • sur • banc

3 **Observe les dessins et utilise les mots : avant, pendant.**

_____ l'orage, Lucien
joue dans le jardin.

_____ l'orage, Lucien se cache
derrière les rideaux.

4 **Complète les phrases avec les mots suivants : hier, demain, beaucoup, peu.**

• _____ d'enfants de ton âge savent déjà nager.

• Il y a _____ d'enfants qui n'aiment pas les glaces.

• _____ , j'ai reçu une carte postale de Venise.

• J'écrirai à ma grande sœur _____ .

29 Les mots de sens contraire

Je révise et je retiens

On dit que deux mots sont de sens contraire lorsque l'un veut dire le contraire de l'autre.

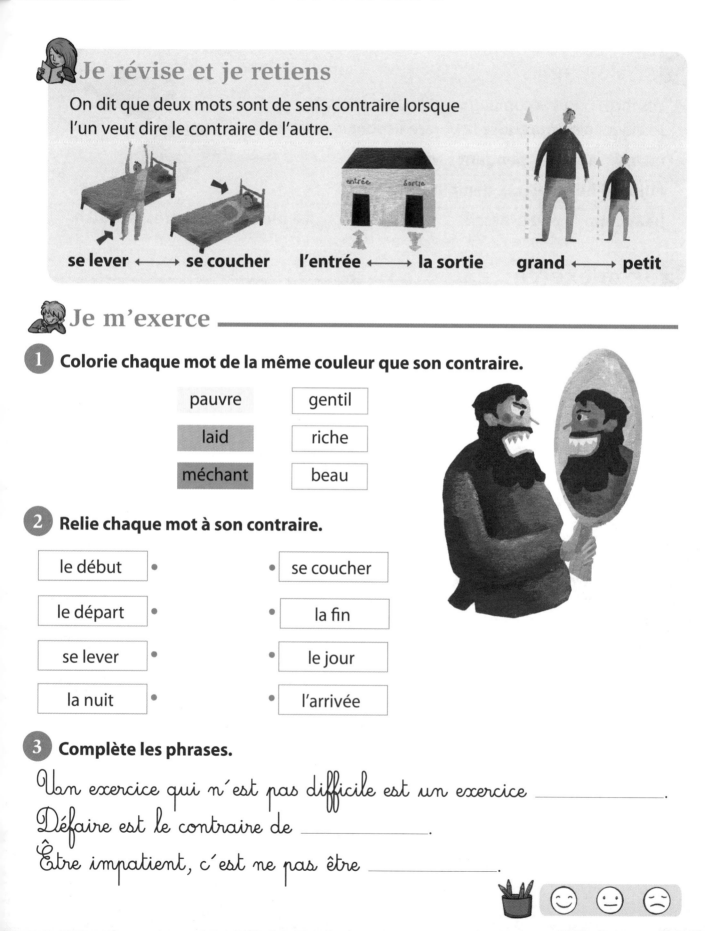

se lever ⟷ se coucher   l'entrée ⟷ la sortie   grand ⟷ petit

Je m'exerce

1 **Colorie chaque mot de la même couleur que son contraire.**

pauvre	gentil
laid	riche
méchant	beau

2 **Relie chaque mot à son contraire.**

le début •   • se coucher

le départ •   • la fin

se lever •   • le jour

la nuit •   • l'arrivée

3 **Complète les phrases.**

Un exercice qui n'est pas difficile est un exercice _____.

Défaire est le contraire de _____.

Être impatient, c'est ne pas être _____.

Corrigés

L'ordre de la présentation des fiches dans ce cahier est une proposition de progression à l'intérieur de chacune des parties du programme.
Les instructions officielles laissant chaque professeur des écoles libre de l'ordre dans lequel il aborde le programme,
il est recommandé d'utiliser ce cahier parallèlement à la progression suivie en classe.

Reconnaissance des mots

1 Les lettres de l'alphabet

1. poule – loupe

2. **s**apin / **l**apin – **b**outon / **m**outon

3. le bé**b**é – le croco**d**ile – la **c**abane – la toma**t**e – la ba**r**be

4. perlimpinpin = 12 lettres – saperlipopette = 14 lettres – abracadabra = 11 lettres

2 Les mots

1. ~~lapin~~ – ~~moto~~ – ~~garçon~~

2. rose – épine – pétale

   palme – masque – tuba – nager

3. carafe ~~bwtspp~~ samedi ~~aeaeii~~ tapis
   poupée ~~dlakeviwe~~

4. Papa se lave le visage.

3 Les caractères d'écriture

1. *Bien vérifier que l'enfant a repéré les deux écritures de chaque mot.*

une olive / *une olive*   une tulipe / *une tulipe*

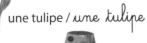

une vipère / *une vipère*   une jupe / *une jupe*

un vélo / *un vélo*

2. une robe – un piano – une pomme – un âne →

   des cubes – un sac →

3. un coq – deux poules – trois oies – quatre canards – cinq poussins

4 Les syllabes

1. léopard → 3 – radis → 2 – enveloppe → 4 – clé → 1

2. É / mi / lie – Nes / tor – Fa / ti / ma – Lu / cas – Clé / men / ti / ne

3. camion – vélo – auto

4. lo co mo ti ve → *locomotive*

5 Distinguer b et d

1. une **b**ulle – un tu**b**e – **b**leu – un **b**alai – un **b**idon – un **b**oa – un ro**b**ot

2. une **d**anseuse – une cor**d**e – un bau**d**et – **d**ouze – un farfa**d**et – un ban**d**ana

3. un **b**ateau – une **d**ouche – une **b**ouche – un tu**b**a – un **d**ia**b**olo

4.
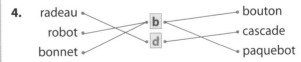

radeau – b – bouton
robot – d – cascade
bonnet – paquebot

6 Distinguer p et q

1. **q**uinze – des **q**uilles – une to**q**ue – un co**q**uillage – un co**q**

2. un **p**inceau – un **p**ot – un **p**oulpe – un **p**yjama – une **p**i**p**e

3. un **p**oulain – un bi**q**uet – un **p**iano – un cha**p**eau – une bar**q**ue

4. **p** → patapouf – pipeau   **q** → riquiqui – calque

7 **Distinguer br / pr / dr / tr / fr / vr / cr / gr**

1. Une **br**ebis **br**oute dans le **pr**é.

2. un cadre – une trousse

3. Mon **fr**ère adore **vr**aiment le **fr**omage **fr**ais.

4. **cr** → une cravate – une craie
gr → gris – un ogre

8 **Distinguer om / on / ou / no / mo**

1. un b**ou**ton – un coch**on** – un bij**ou** – un b**ou**lon

2. un pom pon – un corni chon – Simone –
le nombril – un domino

3. Oh ! Lé**on** a renversé sa li**mo**nade sur
son ki**mono** !

4. Je suis le **mouton**.

9 **Distinguer au / an / na**

1. un l an dau – un b an c – un pélic an –
une d an seuse

2. un land au – une ép au le – des ch au ssettes
– une t au pe

3. Gaét**an** m**an**ge une ban**an**e.
André **na**gera dim**an**che.

4. au to bus → *un autobus*

10 **Distinguer lo / ol / io / oi**

1. une p**oi**re – un vi**o**lon – un vé**lo** – un c**ol**

2.

oi	io	lo	ol
un **oi**seau	une br**io**che	une **lo**comotive	une é**col**e

11 **Distinguer oin / ion / in / on**

1. Ce mat**in**, m**on** **on**cle m'a lu un c**on**te de fées
avec des pr**in**cesses et des lut**ins**.

2. un cam**ion** – un chapeau p**oin**tu –
un coup de p**oin**g – un l**ion**

3. un coch**on** – un av**ion** – un moul**in** – un p**oin**t
– un p**ion** – du f**oin** – le mat**in** – bond**ir**

4. une péniche

12 **Distinguer bar / bra / dar / dra**

1. Bar bar a, arrête de bra iller et viens
te dé bar bouiller !

2. J'ai perdu mon chat, c'est un vrai **dra**me, appelle
les gen**dar**mes !
J'ai rêvé d'un **dra**gon qui m'a fait peur.

3. Il est très courageux. Il est très **brave**.
C'est une amande enrobée de sucre. C'est une
dragée.
Pour dire une formule magique, on dit
a**bracadabra**.

13 **Distinguer for / fro / tor / tro**

1. un château fort – un fro mage – la for tune –
fro tter

2. Vic**tor**, passe-moi un **tor**chon propre, celui-ci est
trop mouillé, il est à **tor**dre.

3. Quand on a mal au cou, on a un **torticolis**.
Une **tornade** est une tempête très violente.
La truie est la femelle du **cochon**.

14 **Distinguer ein / ien**

1. un Ind ien – une t ein ture – les r ein s –
la p ein ture – un collég ien – un l ien

2. Le gard**ien** de but est brésil**ien** et le buteur est
tunis**ien**.

Féli**cien** a réparé les fr**ein**s de son vélo ;
maintenant, il va le rep**ein**dre.

3. une c**ein**ture

15 **Distinguer ain / ian / nai**

1. la maison

2. une poule **nai**ne – un **n**ain de jardin

3. un tr**ian**gle – un tr**ain** – un fri**an**d – un p**ain**

4. un vélo **pliant**

16 **Les lettres majuscules**

1. P aris est la capitale de la F rance. – L e père
de L ola et d'I rène travaille en I talie.

2. **A**lice – **M**anon – **P**ierre – **S**ophie – **V**ictor
– **I**sabelle

3. a B E G h L m N Q r t
A b e g H I M n q R T

17 Les voyelles et les consonnes

1. b**a**lle – b**i**lles – b**u**lle – b**e**lle

2. un **m**alade – un **l**ion – une **g**omme
une **s**alade – un **p**ion – une **p**omme

3.

	ananas	Zoé	bicyclette
Nombre de voyelles	3	2	4
Nombre de consonnes	3	1	6

4. a p e v d m x s

18 Les accents sur les voyelles

1. une rivière — accent aigu
un bâton — accent grave
un vélo — accent circonflexe

2. une **é**toile – un **é**l**è**ve – une fl**è**che – un b**é**b**é**

3. une piq**û**re – un c**ô**té – une r**â**pe – une bo**î**te

19 Ponctuation, apostrophe, cédille

1. Attention ! Tu ne peux pas faire attention ? C'est
incroyable ! As-tu retrouvé ton blouson ? Voilà
ce que j'ai trouvé : un bonnet, une chaussette,
un gant mais pas de blouson.

2. **le** train – **l'**essuie-mains – **l'**insecte – **l'**os –
l'usine – **la** vague

3. **l'a**vion – **la** viande – **la** vitesse – **la** vigne –
l'aventure

4. un gla**ç**on – un lima**ç**on – un flo**c**on –
un hame**ç**on – une balan**ç**oire

20 Les lettres muettes

1. un éléphan**t** – un canar**d** – une brebi**s** –
un escargo**t**

2. un **ra**t – une **fé**e – un **radi**s

3. Le peti**t** Luca**s** croque du chocola**t**. Luci**e** a une
joli**e** voi**x**.

4. ~~un bocal~~

21 Trouver des lettres muettes

1.
un tapi**s** — un tapissier
du lai**t** — un laitier
un ta**s** — tasser
un renar**d** — un renardeau

2. un chant → un chanteur
du sport → un sportif
le début → débuter
deux → deuxième
troi**s** → troisième
méchant → méchante
genti**l** → gentille

22 Déchiffrer un mot difficile

1. un parachutiste – un hélicoptère

2. *Bien vérifier que l'enfant a correctement recopié les
mots.*

3. Une **coccinelle** s'est posée sur ma main.
Il a mis ses **baskets** à l'envers pour jouer au **foot**.

23 Jeux et tests sur les lettres

Test. La première lettre de l'alphabet, c'est A (réponse
1) • Dans l'alphabet, il y a 26 lettres (réponse 3) • L'intrus
est N (réponse 2) • Après la lettre D, il y a la lettre E
(réponse 1) • Avant la lettre M, il y a la lettre L (réponse
1) • Les lettres A, O et I sont des voyelles (réponse 1) •
Les lettres S, P et R sont des consonnes (réponse 2) •
Entre les lettres R et T, il y a la lettre S (réponse 2).

1.

F	O	I	Y	V
A	R	S	M	U
Q	B	Z	T	A
D	P	O	E	F
G	N	U	S	R
X	M	I	C	L
P	J	R	W	S
K	P	A	B	P

24 Jeux et tests sur les mots

Test. Le mot caramel comporte 3 syllabes (réponse 2)
• Placées dans cet ordre, les lettres « pleou » forment
un mot : faux (réponse 2) • Le mot cabane comporte
6 lettres (réponse 2) • Le mot cocorico comporte 4
syllabes (réponse 3) • Dans le mot baudet, il y a un b et
un d (réponse 3) • Dans le mot tomate, il y a 3 voyelles
(réponse 2).

1. un col – du pain – un chat

X	C	O	L
R	H	A	S
P	A	I	N
M	T	W	D

2. un DÉ • une SCIE • un NEZ

Tous les enfants aiment **dessiner**.

3. Chère mamie / Chère maman • Je m'amuse bien /
beaucoup • Je nage / Je plonge • il fait beau /
il fait très beau • J'ai ramassé / J'ai trouvé • un beau
/ un gros • coquillage blanc / coquillage rose.

Lecture : compréhension

25 L'ordre des mots dans la phrase

1. Le lapin ronge une carotte.

2.

Papa → décore → le sapin de Noël.
Maman → allume → les cadeaux.
Papi → prépare → les bougies.

3. Irène chatouille Macha.
Macha chatouille Irène.

26 L'ordre des phrases dans le texte

1. ③ ④ ② ①
③ ② ④ ①

2. ~~La poule appelle ses poussins.~~

3. Elle se brosse les dents. Elle rebouche
le dentifrice. Elle lave sa brosse à dents.

27 Quelques mots outils (1)

1. Minouche est dans sa corbeille. • Minouche
est sur le lit. • Minouche est sous la table. •
Minouche joue avec Toby.

2. Je ne vais plus à l'école. Je suis en vacances.
Je vais aller chez ma tante pendant un mois.
Je vais emporter mes vêtements dans un sac
à dos.

3. C'est souvent Lison qui va promener le chien.

28 Quelques mots outils (2)

1. *Le coloriage permet de fixer l'attention sur les mots
outils fréquemment rencontrés.*

2. ~~ami~~ • ~~banc~~

3. Avant l'orage, Lucien joue dans le jardin.
Pendant l'orage, Lucien se cache derrière les
rideaux.

4. Beaucoup d'enfants de ton âge savent déjà
nager.
Il y a peu d'enfants qui n'aiment pas les glaces.
Hier, j'ai reçu une carte postale de Venise.
J'écrirai à ma grande sœur demain.

29 Les mots de sens contraire

1.

pauvre   gentil
laid   riche
méchant   beau

2.

le début → la fin
le départ → l'arrivée
se lever → se coucher
la nuit → le jour

3. facile – faire – patient

30 Les mots qui se ressemblent

1. un col – un ver – de la colle – un verre

2. mûres – mur   chaîne – chêne

3.

une canne   un mur
une mûre   une peau
un pot   une cane

31 Les familles de mots

1.

dentier   patinoire   plume
plumage   dentiste   glace
patin   glaçon   dent
glacière   plumier   patineuse

2. un bijou • d'une canne à pêche

3. une roulette – une roulade – un rouleau
un nageur – une nageuse – une nageoire

32 Sens des mots et sens du texte

1.

Au musée, → ils ont vu des tasses de Chine.
Dans la piscine, → il a bu la tasse.
Au petit déjeuner, → elle a avalé une tasse de lait.

2. • Mon oncle a pêché une daurade.
• J'ai accroché un poisson d'avril dans le dos
de l'animatrice.
• Le poisson rouge tourne dans son bocal.
• Le poisson qui me fait le plus peur, c'est
le requin.

3. Dans sa trousse, Benjamin a une règle, un
compas, une gomme, ~~un tire-bouchon~~ et
un stylo.

33 Trouver des réponses dans un texte

1. • Pourquoi Lydia pleure-t-elle ?
Parce qu'elle est seule.
• Qui s'occupe d'elle ?
La maman d'un autre élève.

• Quand cette histoire se passe-t-elle ?
Après l'école.

• Où se trouve Lydia ?
Devant l'école.

• Qui n'est pas venu chercher Lydia ?
Sa nounou.

2. Lydia – Alexandre

34 L'ordre alphabétique

1. a b c d e f g h i j k l m n o p q r s t u v w x y z

2. c d   x y   f g   u v   m n   j k

3. a b   c d   g h   m n   v w   x y

4. hibou : b h i o u • gamin : a g i m n •
douze : d e o u z • fraise : a e f i r s • képi : é i k p

5. allumette • bosse • copine • dimanche • épi

35 Découvrir le dictionnaire

1. bracelet : Bijou que l'on porte au bras.
chalet : Habitation de montagne.
galet : Caillou poli.
mollet : Partie arrière de la jambe.
violet : Couleur entre le bleu et le rouge.

2. OUI

3. dentifrice → Pâte pour laver les dents.
gâteau → Pâtisserie à base de farine, de beurre,
de sucre et d'œufs.

rouge → De la couleur du sang.
farceur → Qui fait des farces.

36 Jeux et tests sur le sens des mots

Test. Un dictionnaire (réponse 2) • jamais (réponse 1)
• des homonymes (réponse 2) • des contraires (réponse
1) • de la même famille (réponse 2) • peu (réponse 1) •
peau (réponse 3) • derrière moi (réponse 1).

1. CHAUD – COLLE – A → C'est le **chocolat** !

2.

```
              C
      P O U L A I N
      A       M
      P       E
      I   B   L
  B A L E I N E
      L   C   O
  C O C H O N
      N   E
```

37 Jeux et tests de lecture

Test. dans ses bras (réponse 3) • la souris (réponse 2)
• dans un pot (réponse 1) • gros (réponse 3).

1. Mon CHIEN et mon chat se détestent.
Mais je crois qu'ils font semblant.
L'autre SOIR, je les ai vus
se faire un CÂLIN !

2. BAS – LENT – SOIR → C'est une **balançoire** !

3. OR – ANGE – A – DEUX → Quand on a soif, c'est
bon de boire de l'**orangeade**.

Écriture : l'orthographe des sons et les accords dans la phrase

38 Écrire le son [k]

1. coq – sac – avec – kilo – calcul – caméra –
képi – cinq

2. un kangourou   un camion • une brique

3. J'ai vu un canard, une cane et quatre canetons.

4. une raquette – une cage – un kimono

39 Écrire le son [s]

1. une poussette – un poisson – un sac de sport
– un chasseur

2. un lacet • un caleçon • une glace • des cerises

3. un citron – une princesse

4. une addition • un pinson • la récréation •
une pensée • une potion magique • une station
de bus

40 Écrire le son [z]

1. un zèbre • un bisou • une maison • une fraise

2. Colorier : les cerises – le lézard – l'oiseau.

3. du raisin – une valise – une chaise

41 Écrire le son [ʃ]

1. un cheval – un chaton

2. une écharpe – une marchande

3. Natacha attache les lacets de ses chaussures.
Sacha achète des pêches et des abricots.
Mon chat s'appelle Cachou, il est noir comme
du charbon et il est très coquin.

42 Écrire le son [ʒ]

1. des **j**umelles – une na**geoi**re – un **ge**nou

2. une bou**gi**e – un sin**ge** – un bour**ge**on –
la couleur rou**ge**

3. Jade porte une **jupe**. Justin fait du **judo**.

43 Écrire le son [o]

1. une sauterelle – un moineau – une auto –
un domino

2.

	o	au	eau
[o]	un piano	un préau	la peau
	un bobo	un chausson	le bureau

3. un tableau → eau · un lavabo → o ·
un saut → au · un fauteuil → au

44 Écrire le son [e]

1. Noé est très gâté. Il ne mange pas sa purée
avec son pépé.

2. Colorier : l'épée et l'étoile.

3. En été, Véro aime manger de la glace au café.
Noémie veut aller au cinéma du quartier.
Olivier a cassé son vélo le mois dernier.

45 Écrire le son [ɛ]

1. une crêpe · un manège · une baleine · une fraise

2. Elle est tondue sur les moutons. C'est la **laine**.
On la trouve dans la galette des rois.
C'est la **fève**.

3. une pêche – une tête – un élève – une règle

4. une guêpe · une main · un lièvre · une raie ·
un éléphant

46 Écrire le son [õ]

1. un pantalon – un citron – un lion – un bouton
– un camion – un compas

2. Colorier : l'avion – la trompe.

3. · C'est le mari de ma tante : c'est mon **oncle**.
· Celui qui construit les maisons s'appelle :
un **maçon**.

4. Le **cochon** a une queue en tire-**bouchon**.

47 Écrire le son [ã]

1. une enveloppe – un éléphant – un enfant –
une ampoule – un camembert

2. une maman – un dentiste – un manteau – le vent

3. Colorier : l'ambulance – le tambour.

4. C'est la femme de mon oncle : c'est ma **tante**.
C'est une maison en toile : c'est une **tente**.

48 Écrire le son [ẽ]

1. un pain – une princesse – une ceinture –
un oursin

2. le vin — ain — un lutin
un poulain — in — un peintre
une main — ein — un lapin

3. Les **lapins** traversent notre j**ardin** tous les
m**atins**.

49 Écrire le son [j]

1. une feuille – un fauteuil – un orteil – une oreille
– un portail – une médaille

2. des espadrilles – un crayon – un papillon –
des yeux

3. des rayures · une cuillère · une coquille ·
un cygne · une grenouille

4. J'entends [j] → un appareil – un balayeur

J'entends [i] → un pyjama – un stylo

50 Écrire le son [f]

1. une fée – une photo – un fourgon –
un éléphant

2. C'est la **pharmacie**.

3. un foulard – l'alphabet – un chien fidèle –
le souffle du vent

4. Colorier : la cafetière – le four – le fer.

51 Utiliser la majuscule et le point

1. Sabrina va passer ses vacances en Algérie.
Elle est très contente.

2. Pomme et Fleur sont les prénoms de mes
petites sœurs. Elles sont jumelles. Pourtant,
elles ne se ressemblent pas.

3. Ma tante Berthe arrive de Toulouse avec son
chien Lulu.

52 **Le point d'interrogation et le point d'exclamation**

1. Que voulez-vous pour goûter ? Vous êtes-vous lavé les mains ? Qui veut du jus d'orange ?

2. Allez, saute ! Attrape la perche ! N'aie pas peur ! C'est bien, nage jusqu'au bord !

3. Avez-vous vu une fourmi avec un chapeau ?

4. Ça n'existe pas !
   As-tu fini ton dessin ?
   Est-ce que tu as l'heure ?
   Quelle heure est-il ?
   Quel bonheur de te voir !
   Ce n'est pas possible !

53 **Le nom**

1. Le **chien** aboie. · La **poule** glousse. · La **vache** meugle.

2. On peut visiter le château de Versailles et la tour Eiffel.
   La capitale de la Tunisie est Tunis.

3. la bague de Maria · la console de mon frère
   le manteau de Jamil · Jérémie a un ami.

54 **Le masculin et le féminin**

1. **une** pomme – **un** ballon – **un** fauteuil – **une** chaise

2. poupon poupée dînette camion

3.

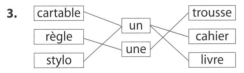

4. Recopier : **Le pêcheur**.

55 **Le singulier et le pluriel**

1. **une** barque – **des** étoiles – **des** gants – **un** drap

2. le gâteau · les glaces · des biscuits
   un flan · une brioche · les desserts

Singulier	Pluriel
le gâteau	les glaces
un flan	des biscuits
une brioche	les desserts

3. des poussins → un poussin
   les chatons → le chaton
   des vipères → une vipère

56 **Les accords dans le groupe nominal**

1. des robe**s** rouge**s** – une méchant**e** petit**e** fille – des cartable**s** lourd**s** – une chemise vert**e** et noir**e**

2.
un	vilains	poule
des	grosse	coq
une	petit	canards

3. **des** roses parfumées – **un** petit camion blanc – **une** grosse auto verte

4. un poisson **frit** – des pommes de terre **sautées** – une purée **délicieuse** – des citrons **parfumés**

57 **Le verbe**

1. Sarah mange une pomme.
   Tim et Tom jouent avec leur circuit de voitures.

2. Le dentiste soigne les dents.
   Le jardinier arrose les plantes.
   Le boulanger fabrique le pain.

3. Elle avale son médicament.
   Ils réparent des motos.
   Nous aimons la musique.
   Les ogres mangent beaucoup.

58 **L'accord du verbe et du sujet**

1.

2. Le cheval saute ~~sautent~~ la haie.
   Les chiens ~~poursuit~~ poursuivent les chats.

3. Les enfants cour**ent** sur la plage.
   Melissa port**e** des lunettes de soleil.
   Maman achèt**e** des glaces.
   Paul et Jean cherch**ent** leur grand-mère.
   Caroline se lav**e** les dents.
   Les chevaux et les zèbres se ressembl**ent** beaucoup.

59 Jeux et tests sur l'orthographe des sons

Test.

- On entend le son : [k] dans corde (réponse 2)
- [s] dans poste (réponse 3)
- [s] dans potion (réponse 2)
- [z] dans bisou (réponse 3)
- [ʃ] dans mouche (réponse 2)
- [ʒ] dans rouge (réponse 3)
- [ã] dans tente (réponse 1) • [j] dans quille (réponse 3).

1. Son [k] : crocodile • kangourou • canard.
Son [s] : souris • cigogne • sanglier.
Son [z] : un oiseau • un bison • des roseaux.

60 Jeux et tests d'orthographe grammaticale

Test.

- Tous les enfants **jouent** dans le jardin. (réponse 3)
- Les **élèves** sont bruyants aujourd'hui. (réponse 1)
- Ces **petits** garçons aiment le foot. (réponse 3)
- Emmanuelle et Sophie sont **sœurs**. (réponse 2)
- Je suis sûre que tu **aimes** les gâteaux. (réponse 3)
- Les tigres sont tigrés et les zèbres sont **zébrés**.
  (réponse 2).

1. Je suis ~~votre~~ ~~vos~~ petit ~~petits~~ ~~souricette~~ souriceau !

Je révise et je retiens

Certains mots se prononcent ou s'écrivent de la même façon
mais il n'ont pas le même sens. On les appelle des homonymes.

 **un pin**
 **un pain**

des fils
Il y a plein de **fils** derrière la télé.

des fils
Marie a trois **fils** et pas de fille.

 ## Je m'exerce

1 **Recopie chaque mot sous son dessin.**

colle • verre • col • ver

un _____   un _____   de la _____   un _____

2 **Entoure les deux mots qui se ressemblent dans chaque phrase.**

J'ai vu des mûres sur le mur de pierres.

J'ai perdu ma chaîne sous le gros chêne.

3 **Colorie de la même couleur
les mots qui se ressemblent.**

une canne	un mur
une mûre	une peau
un pot	une cane

31 Les familles de mots

 Je révise et je retiens

On retrouve dans certains mots un même groupe de lettres et une même idée.

plonger   **un plongeur**   **un plongeoir**   **un plongeon**

Je m'exerce _____

1 **Colorie de la même couleur les mots de la même famille.**

dentier	patinoire	plume
plumage	dentiste	glace
patin	glaçon	dent
glacière	plumier	patineuse

2 **Réponds par un mot de la même famille.**

Que peut-on acheter dans une bijouterie ? un _____

De quoi se sert le pêcheur ? d'une canne à _____

3 **Complète chaque famille de mots en utilisant l'étiquette.**

`roul`   une _____ette   une _____ade   un _____eau

`nag`   un _____eur   une _____euse   une _____eoire

Je révise et je retiens

Pour bien comprendre un mot il faut s'aider du sens des mots qui l'entourent.

Une souris court dans l'herbe. ⟶ **C'est un animal.**

La souris de l'ordinateur est cassée. ⟶ **C'est un objet.**

Je m'exerce

1 **Relie les morceaux de phrase qui se complètent.**

| Au musée, | • | • | il a bu la tasse. |

| Dans la piscine, | • | • | elle a avalé une tasse de lait. |

| Au petit déjeuner, | • | • | ils ont vu des tasses de Chine. |

2 **Complète les phrases en t'aidant des étiquettes.**

Le poisson rouge   un poisson d'avril   une daurade   le requin

- Mon oncle a pêché _____.
- J'ai accroché _____ dans le dos de l'animatrice.
- _____ tourne dans son bocal.
- Le poisson qui me fait le plus peur, c'est _____.

3 **Barre l'intrus.**

Dans sa trousse, Benjamin a une règle, un compas, une gomme, un tire-bouchon et un stylo.

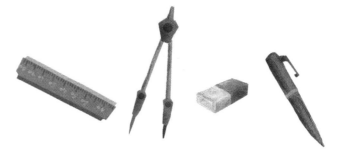

Je révise et je retiens

Répondre aux questions permet de vérifier qu'on a bien compris le texte.

Lis attentivement le texte suivant.

Lydia pleure toute seule devant l'école. Nanou, sa nounou, n'est pas venue la chercher. Heureusement, la maman d'Alexandre la voit et lui dit : « On va téléphoner à ta maman, ne t'inquiète pas. »

 ## Je m'exerce

1 **Barre les réponses fausses.**

• *Pourquoi Lydia pleure-t-elle ?*

      Parce qu'elle a mal.

      Parce qu'elle a froid.

      Parce qu'elle est seule.

• *Qui s'occupe d'elle ?*

      La gardienne de l'école.

      La maman d'un autre élève.

      Sa maîtresse.

• *Quand cette histoire se passe-t-elle ?*

      Avant l'école.

      Après l'école.

• *Où se trouve Lydia ?*

      Dans sa classe.

      Devant l'école.

      Dans sa chambre.

• *Qui n'est pas venu chercher Lydia ?*

      Sa nounou.

      Sa mère.

      Son grand frère.

2 **Écris les deux prénoms d'enfants de cette histoire.**

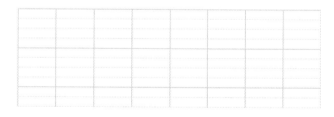

Je révise et je retiens

Les lettres de l'alphabet sont toujours rangées dans le même ordre.
Il faut savoir l'alphabet par cœur.

a b c d e f g h i j k l m n o p q r s t u v w x y z

A B C D E F G H I J K L M N O P Q R S T U V W X Y Z

a b c d e f g h i j k l m n o p q r s t u v w x y z

Je m'exerce

1 **Complète l'alphabet.**

a b __ d e __ g h __ j k l __ n __ p __ r s __ u v w __ y __

2 **Écris la lettre qui vient après dans l'alphabet.**

c __   x __   f __   u __   m __   j __

3 **Écris la lettre qui vient avant dans l'alphabet.**

__ b   __ d   __ h   __ n   __ w   __ y

4 **Classe les lettres des mots suivants dans l'ordre alphabétique.**

col = c l o   hibou = _____   gamin = _____

douze = _____   fraise = _____   képi = _____

5 **Entoure la première lettre du mot, puis écris-le à la bonne place.**

dimanche   bosse

allumette		copine		épi

Découvrir le dictionnaire

Je révise et je retiens

Dans un dictionnaire, les **mots** sont rangés dans l'**ordre alphabétique**.
Le dictionnaire nous explique ce que veulent dire les mots
et comment ils s'écrivent.

> **biche** : femelle du cerf.
>
> **blanc** : qui est de la couleur du lait, de la neige.
>
> **cadet** : enfant qui vient après l'aîné.

Je m'exerce

1 **Trouve le mot qui correspond à la définition et écris-le à la bonne place.**

 galet    violet   bracelet   mollet   chalet

_____ Bijou que l'on porte au bras.

_____ Habitation de montagne.

_____ Caillou poli.

_____ Partie arrière de la jambe.

_____ Couleur entre le bleu et le rouge.

2 **Les mots ci-dessus sont-ils bien rangés dans l'ordre alphabétique ?** oui non

3 **Relie chaque mot à sa définition.**

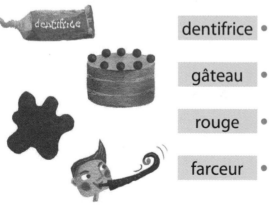

dentifrice •   • Qui fait des farces.

gâteau •   • Pâte pour laver les dents.

rouge •   • De la couleur du sang.

farceur •   • Pâtisserie à base de farine,
de beurre, de sucre et d'œufs.

TEST

Coche la bonne proposition. Tu marques 1 point par réponse juste.

- Le **livre** qui donne
le sens des mots s'appelle un : manuel ☐ dictionnaire ☐ album ☐

- Le **contraire** du mot **toujours**, c'est : jamais ☐ sans ☐ pour ☐

- Le mot **col** et le mot **colle** sont : des contraires ☐ des homonymes ☐

- Le mot **sale** et le mot **propre** sont : des contraires ☐ des homonymes ☐

- Le mot **nager** et le mot **nageoire** sont : de même sens ☐ de la même famille ☐

- Le **contraire** du mot **beaucoup**, c'est : peu ☐ peur ☐ pour ☐

- Coche l'**homonyme** du mot **pot** : carafe ☐ porte ☐ peau ☐

- Si je suis **devant** toi, tu es : derrière moi ☐ avec moi ☐ à côté de moi ☐

TOTAL : ...... /8

---

1 Charade.

Mon premier
est le contraire de froid.

→ _____

Mon second
permet de coller.

→ _____

Mon troisième
est la première
lettre de l'alphabet.

→ _____

Mon tout a très bon goût.

→ C'est

le _____ !

---

2 Animaux croisés.

TEST

Coche la bonne proposition. Tu marques 1 point par réponse juste.

- « **La maman a pris le bébé dans ses** _____ . » → peut se compléter par :
  jambes ☐   genoux ☐   bras ☐

- « **La** _____ **de mon ordinateur est cassée.** » → peut se compléter par :
  clavier ☐   souris ☐   sourire ☐

- « **J'ai planté le laurier dans un** _____ . » → peut se compléter par :
  pot ☐   peau ☐   jardinière ☐

- « **L'éléphant est un très** _____ **animal.** » → peut se compléter par :
  minuscule ☐   grande ☐   gros ☐

TOTAL : ...... /4

---

1 Avec les lettres des cases orange, trouve les mots qui manquent dans le texte.

B	T	O	S	A
I	X	H	I	M
U	C	Q	P	N
N	Z	L	R	D
G	I	E	F	C

Mon ☐☐☐☐☐ et mon chat se détestent.

Mais je crois qu'ils font semblant.

L'autre ☐☐☐☐ , je les ai vus

se faire un ☐☐☐☐☐ !

---

2 Charade.

Mon premier est le contraire de haut.

→ _____

Mon second est le contraire de rapide.

→ _____

Mon troisième est le contraire du matin.

→ _____

On s'amuse bien sur mon tout.

→ C'est une _____ !

---

3 Rébus. Chaque dessin représente une syllabe du mot.

A 2

Quand on a soif, c'est bon de boire de l' _____ .

Je révise et je retiens

un cartable   **un coq**   **des quilles**   **des skis**

Le son **[k]** peut s'écrire **c**, **q**, **qu** ou **k**.

 Je m'exerce

1 **Entoure les lettres qui se prononcent [k].**

coq • sac • avec • kilo • calcul • caméra • képi • cinq

2 **Colorie les mots si tu entends le son [k].**

un kangourou | un camion | une sucette | une brique | une ficelle

3 **Complète la phrase par c ou qu.**

J'ai vu un ___anard,
une ___ane
et ___atre ___anetons.

4 **Écris chaque mot sous son étiquette.**

qu    c   k

une ___   une ___   un ___

Je révise et je retiens

un seau   **une trace**   **un poussin**   **un maçon**   **une gentiane**

Suivant les mots, le son **[s]** peut s'écrire :

s	jamais entre deux voyelles	**c**	devant **e**, **i** et **y**
ss	entre deux voyelles	**ç**	devant **a**, **o** et **u**
		t	devant **i** dans certains mots.

Je m'exerce

1 **Entoure dans chaque mot les lettres qui se prononcent [s].**

une poussette   un poisson   un sac de sport   un chasseur

2 **Complète par c ou ç.**

un la__et   un cale__on   une gla__e   des __erises

3 **En t'aidant des étiquettes, écris son nom sous chaque dessin.**

ci	cesse	tron	prin

4 **Complète les mots par t ou s.**

une addi__ion   un pin__on   la récréa__ion

une pen__ée   une po__ion magique   une __ta__ion de bus

Je révise et je retiens

Le son **[z]** s'écrit :

- soit avec la lettre **z** ;

- soit avec la lettre **s** quand elle se trouve entre deux voyelles.

douze roses

Je m'exerce

1 Entoure dans chaque mot la lettre qui se prononce [z].

un zèbre

un bisou

une maison

une fraise

2 Colorie le dessin si tu entends le son [z].

3 Écris le nom de chaque dessin en t'aidant des étiquettes.

| rai | se | va | chai | li | sin |

du _____

une _____

une _____

Je révise et je retiens

Le plus souvent, le son [ʃ] s'écrit **ch**.

La chemise de la duchesse est sèche.

Je m'exerce

1 **Écris le nom de chaque dessin en t'aidant des étiquettes.**

| che | ton | val | cha |

un _____   un _____

2 **Relie les étiquettes qui forment un mot, puis écris-le.**

| é | | chan | | pe |
| mar | | char | | de |

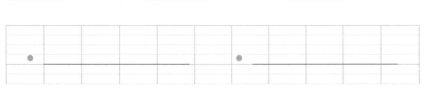

3 **Complète les phrases par c ou ch.**

Nata___ a atta___e les la___ets de ses ___aussures.

___a a a___ète des pê___es et des abri___ots.

Mon ___at s'appelle ___a___ou, il est noir ___omme du

___arbon et il est très ___oquin.

Je révise et je retiens

un journal

un gilet

un pigeon

Suivant les mots, le son [ʒ] s'écrit :
- soit avec la lettre **j** ;
- soit avec la lettre **g** devant **e, i** ou **y** ;
- soit avec les lettres **ge** devant **a, o** ou **u**.

Je m'exerce

1 **Complète en t'aidant des étiquettes.**

| ge | ju | geoi |

des _____melles

une na_____re

un _____nou

2 **Complète par g ou ge.**

une bou____ie

un sin____e

un bour____on

la couleur rou____e

3 **Complète chaque phrase avec le mot qui manque.**

Jade porte une _____.

Justin fait du _____.

Je révise et je retiens

un vélo   **un vautour**   **un gâteau**

Selon les mots, on écrit le son **[o]** avec les lettres **o, au** ou **eau**.

 Je m'exerce

1 **Entoure les lettres qui se prononcent [o].**

une sauterelle   un moineau   une auto   un domino

2 **Classe les mots dans le tableau.**

la peau • un piano • un préau • un bobo • un chausson • le bureau

	o	au	eau
[o]			

3 **Écris les lettres qui forment le son [o] dans chaque étiquette.**

un tableau

un lavabo

un saut

un fauteuil

Je révise et je retiens

Il ne faut pas embrasser **le béb**é
sur le nez **et sur les y**eux.

Le son **[e]** peut s'écrire **er**, **é**, **ez**, **et** ou **es**.

 ## Je m'exerce

1 **Entoure les lettres qui se prononcent [e].**

Noé est très gâté.
Il ne mange pas sa purée
avec son pépé.

2 **Colorie le dessin si tu entends le son [e] dans le mot.**

3 **Complète la phrase en choisissant la bonne orthographe du son [e].**

é	er

En ___t___, V___ro aime mang___ de la glace au caf___.
No___mie veut all___ au cin___ma du quarti___.
Olivi___ a cass___ son v___lo le mois derni___.

45 Écrire le son [ɛ]

Je révise et je retiens

une sorcière   **une fenêtre**   **un balai**   **une reine**

Le son [ɛ] peut s'écrire **è, ê, ai, ei.**

Je m'exerce

1 **Entoure les lettres qui se prononcent [ɛ].**

une crêpe   un manège   une baleine   une fraise

2 **Réponds aux devinettes.**

 Elle est tondue sur les moutons. *C'est la* _____.

On la trouve dans la galette des rois. *C'est la* _____.

3 **Complète par è ou ê.**

une p__che   une t__te   un él__ve   une r__gle

4 **Barre les mots qui ne contiennent pas le son [ɛ].**

une guêpe   une main   un lièvre   une raie   un éléphant

Écrire le son [õ]

Je révise et je retiens

Le son **[õ]** peut s'écrire **on** ou **om**.

un blouson

un pompier

Je m'exerce

1 **Entoure les lettres qui produisent le son [õ].**

un pantalon   un citron   un lion   un bouton   un camion   un compas

2 **Colorie le dessin si tu entends le son [õ].**

3 **Réponds aux devinettes en t'aidant des étiquettes.**

| on | ma | çon | cle |

- C'est le mari de ma tante : c'est *mon* _____.
- Celui qui construit les maisons s'appelle : *un* _____.

4 **Complète la phrase en t'aidant des étiquettes.**

| chon | bou | co |

Le _____ *a une queue en tire*_____.

Je révise et je retiens

un pélican   **une dent**   **une lampe**   **la tempête**

Le son [ã] peut s'écrire **an**, **en**, **am** ou **em**.

 Je m'exerce

1 Entoure les lettres qui produisent le son [ã].

une enveloppe   un éléphant   un enfant   une ampoule   un camembert

2 Complète avec **an** ou **en**.

une mam_____   un d_____tiste   un m_____teau   le v_____t

3 Colorie le dessin si tu entends le son [ã] dans le mot.

4 Réponds aux devinettes.

C'est la femme de mon oncle :

c'est ma _____.

C'est une maison en toile :

c'est une _____.

Je révise et je retiens

Selon les mots, le son [ɛ̃] peut s'écrire **in**, **ain** ou **ein**.

un poussin

un train

une pein**ture**

Je m'exerce

1 **Entoure le son [ɛ̃].**

un pain

une princesse

une ceinture

un oursin

2 **Relie chaque mot à son étiquette.**

le vin •

un poulain •

une main •

 ain

 in

ein

• un lutin

• un peintre

• un lapin

3 **Écris les mots qui manquent pour compléter la phrase.**

Les _____ traversent

notre j _____

tous les m _____.

49 Écrire le son [j]

Je révise et je retiens

- À la fin d'un nom masculin, le son **[j]** s'écrit le plus souvent **il**.

  le soleil **un rail**

- À la fin d'un nom féminin, le son **[j]** s'écrit souvent **ille**.

  de la paille **des nouilles**

- Au milieu d'un mot, le son **[j]** peut s'écrire **y** ou **ill**.

  un noyau **un caillou**

- ••• Attention, la lettre **y** peut aussi se lire **[i]** : **un pyjama**.

Je m'exerce

1 **Entoure les lettres qui produisent le son [j].**

une feuille un fauteuil un orteil une oreille un portail une médaille

2 **Complète avec y ou ill.**

des espadr___es un cra___on un pap___on des ___eux

3 **Barre l'intrus.**

des rayures • une cuillère • une coquille • un cygne • une grenouille

4 **Recopie les mots sous la bonne étiquette.**

un appareil • un pyjama • un balayeur • un stylo

J'entends [j]	J'entends [i]

Je révise et je retiens

une girafe   **un sifflet**   **un dauphin**

Le son **[f]** peut s'écrire **f**, **ff** ou **ph**.

 ## Je m'exerce

1 **Entoure les lettres qui se prononcent [f].**

une fée   une photo   un fourgon   un éléphant

2 **Devine en t'aidant des étiquettes.**

| ma | cie | phar |

On y achète des médicaments. *C'est la* _____.

3 **Complète avec f, ff ou ph.**

un ___oulard   l'al___abet   un chien ___idèle   le sou___le du vent

4 **Colorie les objets si tu entends le son [f] dans leur nom.**

      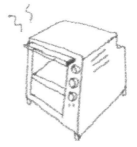   

51 Utiliser la majuscule et le point

Je révise et je retiens

Les **majuscules** sont utilisées :
- au début des phrases ;
- au début des noms de personnes ou de lieux.

Les phrases se terminent par un **point.**

Le dentiste de Viroflay soigne les dents de Max.

 Je m'exerce

1 **Corrige et recopie les phrases suivantes en plaçant les majuscules et les points.**

sabrina va passer ses vacances en algérie elle est très contente

2 **Place les points qui manquent.**

Pomme et Fleur sont les prénoms
de mes petites sœurs Elles sont jumelles Pourtant,
elles ne se ressemblent pas

3 **Remets les mots en ordre pour écrire la phrase. N'oublie pas les majuscules et le point.**

| arrive | ma tante berthe | de toulouse | avec son chien lulu |

Je révise et je retiens

Une question se termine par un **point d'interrogation**.

Qui a mangé tout le chocolat ?

Pour indiquer que l'on élève le ton, que l'on est en colère ou très étonné, on emploie un **point d'exclamation**.

Si c'est toi, gare à toi !

 Je m'exerce

1 **Place les points d'interrogation ? au bon endroit.**

Que voulez-vous pour goûter Vous êtes-vous lavé
les mains Qui veut du jus d'orange

2 **Place les points d'exclamation ! au bon endroit.**

Allez, saute Attrape la perche N'aie pas peur C'est bien,
nage jusqu'au bord

3 **Remets les étiquettes dans l'ordre, recopie la phrase et termine par le point qui convient.**

| une fourmi | Avez-vous vu | avec un chapeau |

4 **Colorie le point qui convient.**

Ça n'existe pas	? !		Quelle heure est-il	? !
As-tu fini ton dessin	? !		Quel bonheur de te voir	? !
Est-ce que tu as l'heure	? !		Ce n'est pas possible	? !

Je révise et je retiens

Le **nom** est le mot important dans le groupe nominal. Il est souvent précédé de **le** ou **la**, **un** ou **une**.

J'ai **un chat qui s'appelle** Mouche.

Le nom d'une personne, d'un animal ou d'un endroit s'appelle un **nom propre**. Il commence par une **majuscule**.

Noé   **Perpignan**   **la Loire**   **la mer Méditerranée**   **Mistigri**

Les autres noms sont des **noms communs**.

le chien   **une table**   **la paresse**   **un volet**   **du pain**   **des fruits**

 Je m'exerce

1 **Complète par le nom qui convient.**

poule • vache • chien

Le _____ aboie.

La _____ glousse.

La _____ meugle.

2 **Entoure les majuscules des noms propres.**

On peut visiter le château de Versailles et la tour Eiffel.

La capitale de la Tunisie est Tunis.

3 **Colorie en vert les noms communs et en rose les noms propres.**

la | bague | de | Maria

le | manteau | de | Jamil

la | console | de mon | frère

Jérémie | a un | ami .

Je révise et je retiens

Un nom est **masculin** quand il est précédé de **le** ou **un**.

Un nom est **féminin** quand il est précédé de **la** ou **une**.

un bonbon   **le biscuit**   **une sucette**   **la gourmandise**

masculin   féminin

 Je m'exerce _____

1 **Complète par un ou une.**

_____ pomme   _____ ballon   _____ fauteuil   _____ chaise

2 **Colorie en jaune les noms masculins et en vert les noms féminins.**

| poupon | | poupée | | dînette | | camion |

3 **Relie chaque mot à l'étiquette qui convient.**

cartable •   • un
                          masculin •   • trousse

règle •   • cahier

stylo •   • une
                         féminin •   • livre

4 **Recopie le nom masculin de la phrase.**

Le pêcheur a ramené une langouste et une daurade.

55 Le singulier et le pluriel

Je m'exerce

1 **Complète par un, une ou des.**

_____ barque   _____ étoiles   _____ gants   _____ drap

2 **Colorie les étiquettes selon que les mots sont au singulier ou au pluriel, puis recopie les mots dans le tableau.**

le gâteau   les glaces

des biscuits   un flan

une brioche   les desserts

singulier	pluriel

3 **Écris les mots suivants au singulier.**

des poussins _____

les chatons _____

des vipères _____

Je révise et je retiens

Dans le groupe nominal,
le déterminant et **l'adjectif**
s'accordent avec **le nom**.

un géant **blond**	**une** géante **blonde**
des géants **blonds**	**des** géantes **blondes**

 ## Je m'exerce

1 **Complète par les terminaisons du féminin ou du pluriel.**

des robe___ rouge___

des cartable___ lourd___

une méchant___ petit___ fille

une chemise vert___ et noir___

2 **Colorie d'une même couleur les étiquettes qui forment un même groupe nominal.**

un	vilains	poule
des	grosse	coq
une	petit	canards

3 **Complète par un, une ou des.**

_____ roses parfumées   _____ petit camion blanc   _____ grosse auto verte

4 **Complète les groupes nominaux en t'aidant des étiquettes.**

 miam

| délicieuse | frit | parfumés | sautées |

un poisson _____   des pommes de terre _____

une purée _____   des citrons _____

57 Le verbe

Je révise et je retiens

Le **verbe** se conjugue et change de terminaison.

> **Je regarde** la télé.
>
> **Nous regardons** la télé.

On désigne un verbe par son **infinitif** : le verbe **regarder**.

 Je m'exerce

1 **Souligne le verbe dans les phrases suivantes.**

Sarah mange une pomme.

Tim et Tom jouent avec leur circuit de voitures.

2 **Complète les phrases en t'aidant des étiquettes.**

| fabriquer | soigner | arroser |

Le dentiste _____ les dents.

Le jardinier _____ les plantes.

Le boulanger _____ le pain.

3 **Colorie la phrase de la même couleur que son verbe à l'infinitif.**

Elle avale son médicament.	aimer
Ils réparent des motos.	avaler
Nous aimons la musique.	manger
Les ogres mangent beaucoup.	réparer

Je révise et je retiens

Dans une phrase, le **verbe** s'accorde avec le **sujet**.

Émilie chante. ⟶ **Le sujet et le verbe sont au singulier.**

Émilie et Élise chantent. ⟶ **Le sujet et le verbe sont au pluriel.**

Je m'exerce

1 **Relie les sujets et les verbes qui s'accordent.**

Les élèves •

Mon maître •   • prépare la fête de l'école.

Une maman d'élève •   • préparent la fête de l'école.

Les parents aussi •

2 **Colorie le verbe qui est bien accordé et barre l'autre.**

Le cheval | saute / sautent | la haie.

Les chiens | poursuit / poursuivent | les chats.

3 **Complète les verbes par -e ou -ent.**

Les enfants cour_____ sur la plage.

Melissa port_____ des lunettes de soleil.

Maman achèt_____ des glaces.

Paul et Jean cherch_____ leur grand-mère.

Caroline se lav_____ les dents.

Les chevaux et les zèbres se ressembl_____ beaucoup.

😊 😐 ☹

59 Jeux et tests sur l'orthographe des sons

TEST

Coche la bonne proposition. Tu marques 1 point par réponse juste.

- On entend le son [k] dans le mot :

cerise	corde	chien
☐	☐	☐

- On entend le son [s] dans :

case	musique	poste
☐	☐	☐

- On entend le son [s] dans :

pitié	potion	potiron
☐	☐	☐

- On entend le son [z] dans :

nez	salade	bisou
☐	☐	☐

- On entend le son [ʃ] dans :

hibou	mouche	phare
☐	☐	☐

- On entend le son [ʒ] dans :

gomme	gris	rouge
☐	☐	☐

- On entend le son [ã] dans :

tente	banane	chemise
☐	☐	☐

- On entend le son [j] dans :

filet	belle	quille
☐	☐	☐

TOTAL : ...... /8

---

1 Observe le dessin et trouve trois mots où tu entends le son [k] comme dans camion, trois mots où tu entends le son [s] comme dans serpent et trois mots où tu entends le son [z] comme dans zèbre.

_____   _____   _____

_____   _____   _____

_____   _____   _____

TEST

Coche la bonne proposition. Tu marques 1 point par réponse juste.

- « **Tous les enfants** _____ **dans le jardin.** » → peut se compléter par :

  joues ☐   jouons ☐   jouent ☐

- « **Les** _____ **sont bruyants aujourd'hui.** » → peut se compléter par :

  élèves ☐   petite fille ☐   cloches ☐

- « **Ces** _____ **garçons aiment le foot.** » → peut se compléter par :

  petit ☐   petite ☐   petits ☐

- « **Emmanuelle et Sophie sont** _____ **.** » → peut se compléter par :

  frères ☐   sœurs ☐   sœur ☐

- « **Je suis sûre que tu** _____ **les gâteaux.** » → peut se compléter par :

  aimons ☐   aimez ☐   aimes ☐

- « **Les tigres sont tigrés et les zèbres sont** _____ **.** » → peut se compléter par :

  zébrures ☐   zébrés ☐   zébrée ☐   TOTAL : ...... /6

---

1 Fais le bon choix à chaque fois et colorie le chemin pour que le souriceau retrouve sa famille.

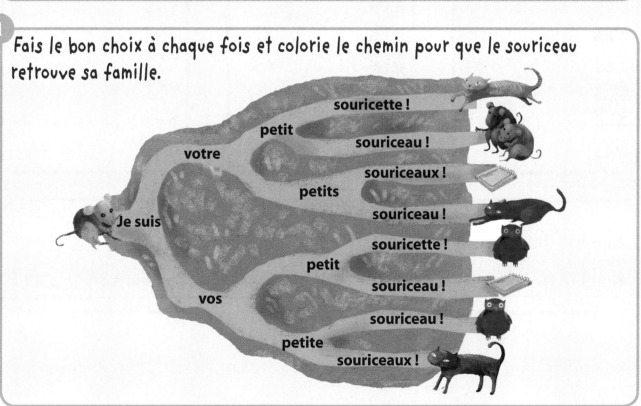

Évaluation

Fiche	Résultat		Fiche	Résultat		Fiche	Résultat
1	🙂 😐 🙁		21	🙂 😐 🙁		41	🙂 😐 🙁
2	🙂 😐 🙁		22	🙂 😐 🙁		42	🙂 😐 🙁
3	🙂 😐 🙁		23	...... /8		43	🙂 😐 🙁
4	🙂 😐 🙁		24	...... /6		44	🙂 😐 🙁
5	🙂 😐 🙁		25	🙂 😐 🙁		45	🙂 😐 🙁
6	🙂 😐 🙁		26	🙂 😐 🙁		46	🙂 😐 🙁
7	🙂 😐 🙁		27	🙂 😐 🙁		47	🙂 😐 🙁
8	🙂 😐 🙁		28	🙂 😐 🙁		48	🙂 😐 🙁
9	🙂 😐 🙁		29	🙂 😐 🙁		49	🙂 😐 🙁
10	🙂 😐 🙁		30	🙂 😐 🙁		50	🙂 😐 🙁
11	🙂 😐 🙁		31	🙂 😐 🙁		51	🙂 😐 🙁
12	🙂 😐 🙁		32	🙂 😐 🙁		52	🙂 😐 🙁
13	🙂 😐 🙁		33	🙂 😐 🙁		53	🙂 😐 🙁
14	🙂 😐 🙁		34	🙂 😐 🙁		54	🙂 😐 🙁
15	🙂 😐 🙁		35	🙂 😐 🙁		55	🙂 😐 🙁
16	🙂 😐 🙁		36	...... /8		56	🙂 😐 🙁
17	🙂 😐 🙁		37	...... /4		57	🙂 😐 🙁
18	🙂 😐 🙁		38	🙂 😐 🙁		58	🙂 😐 🙁
19	🙂 😐 🙁		39	🙂 😐 🙁		59	...... /8
20	🙂 😐 🙁		40	🙂 😐 🙁		60	...... /6

Nombre total de 🙂 : _____   Nombre total de 😐 : _____

Nombre total de 🙁 : _____   Nombre total de points : _____ / 40

Achevé d'imprimer en France par Loire Offset Titoulet à Saint-Etienne
Dépôt légal n° 96067-3/01 - Mars 2012